LES
DÉCOUPURES
A LA MODE.

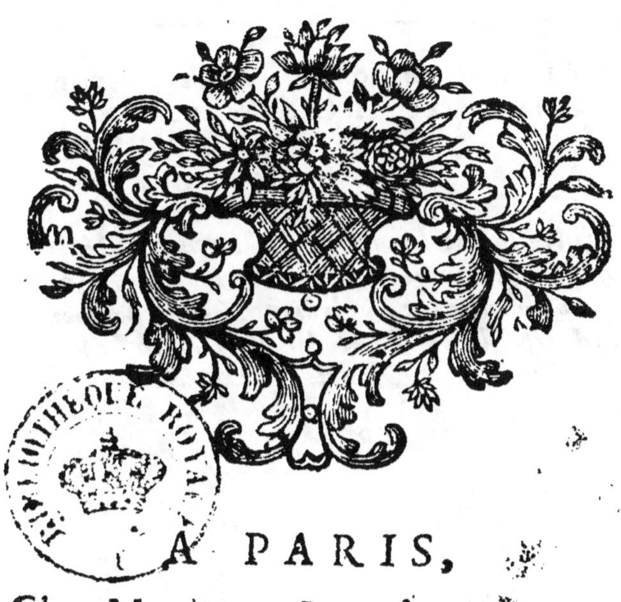

A PARIS,

Chez MUSIER, Quay des Augustins,
du côté du Pont saint Michel,
à l'Olivier.

M. DCC. XXVII.

Avec Approbation & Permission.

APPROBATION.

JE soussigné Maître ès Arts en l'Université de Paris, ai lû par ordre de M. le Lieutenant General de Police, *les Découpûres à la mode*, dont on peut permettre l'impression. A Paris ce 11. Octobre 1727.

PASSART.

Veu l'Approbation ci-dessus, permis d'imprimer le 11. Octobre 1727.

HERAULT.

Regiftré fur le Livre de la Communauté des Libraires & Imprimeurs de Paris, num. 1633, conformément aux Reglemens, & notamment à l'Arreft de la Cour du Parlement du 3. Decembre 1705. A Paris le 31. Octobre 1727.

BRUNET, Syndic.

LES DÉCOUPURES

A LA MODE.

LETTRE

A Monseigneur le Prince de ★★★

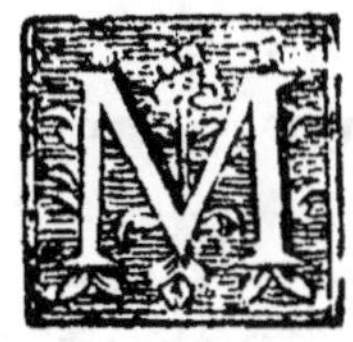ONSEIGNEUR,

Jusqu'à present je me suis fait un plaisir aussi bien qu'un devoir, comme je vous l'avois promis, de vous envoyer les détails des mouvemens Militaires qu'on a judicieusement imaginez depuis quelques mois, par la construction des differens Camps, non feulement pour la consommation des fourrages qu'on avoit en abondance, mais encore & principalement afin d'exercer les Officiers, instruire les Soldats, & les tenir, pour ainsi dire, en haleine ; de telle forte qu'ils foient toûjours en état d'attaquer & de fe défendre, s'il nous furvient des ennemis.

Vous avez auffi trouvé dans mes Lettres les nouvelles les plus intereffantes de la Cour, de la Ville, & même des Provinces ; enfin tout ce que j'ai pû apprendre de plus digne de votre loüable curiofité.

Permettez-moi, je vous prie, d'interrompre aujourd'hui la fuite de ces fortes de matieres, pour vous parler feulement d'un nouvel exercice qui fait une des principales·occupations des Courtifans, des gens de l'une & de l'autre Robbe, des Financiers, des Bourgeois, & de prefque tous les hommes & toutes les femmes, non-feulement au milieu de tous les embarras du monde, mais encore dans les retraites & dans les folitudes.

Ce n'eft pas fans raifon qu'on a dit tant de fois, que le tems de la paix eft celui où les Arts font les plus floriffans. Nous joüiffons à prefent, graces au Ciel, graces à la tendreffe de notre aimable Prince pour fes Peuples, & aux intentions de fes Miniftres, veritablement conformes à fes inclinations bien faifantes, nous joüiffons, dis je, à prefent d'une fi heureufe tranquillité, que les Grands auffi-bien que les petits, fe font un plaifir de s'occuper, par amufement, des profeffions

les plus abandonnées, de les ré-
veiller & de les faire valoir. En-
tre plusieurs de ces professions,
je m'arrêterai seulement à vous
parler de celle des *Découpeurs*:
mais comme elle vous est peut-
être peu connuë, je juge à pro-
pos de vous l'expliquer en peu de
mots, par rapport à l'usage qu'on
en fait aujourd'hui de tous cô-
tez.

Elle consiste à détacher exacte-
ment avec des ciseaux, les dif-
ferentes figures que contiennent
les Estampes dont on a soin de
faire provision. Ces figures étant
ainsi détachées, on les fait coller,
ou on les colle soi-même, pour
s'en faire un plus grand plaisir,
sur des toiles ou sur des papiers
les plus forts, les mieux choisis,
bien tendus & bien préparez,
dont ensuite on fait des Ecrans,
des Paravents, des Tableaux,
même des Tapisseries ; voilà ce

qu'on appelle faire des *Découpûres.*

Or ces *Découpûres* sont deve-
nuës tellement à la mode, que
tout le monde y travaille. Par
tout on trouve des *Découpeurs* &
des *Découpeuses.* Dans les Compa-
gnies les plus sérieuses, dans les
Cercles les plus galans, dans les
Assemblées les plus disposées à se
divertir, on ne vous presente
plus des Dez, des Cartes, de la
Musique, mais seulement des
Estampes & des ciseaux pour les
découper. Si l'on propose une pro-
menade, on ne la reçoit qu'à con-
dition qu'elle ne sera pas longue,
afin qu'on soit bien-tôt de retour
pour travailler du ciseau. Si l'on
est à la Comedie, à l'Opera ou
à quelque autre Spectacle que ce
soit, à peine peut-on passer, sans
ennui, jusqu'au second Acte,
tant on a d'empressement d'en
sortir, pour aller faire des *décou-*

pûres. Enfin les Amans font à prefent mieux reçus de leurs Maî-
treffes, en leur prefentant des
cifeaux avec des Eftampes, que
s'ils leur offroient des Bifques
pour regals, des Violons pour
danfer, des Miroirs de poche
pour y étudier leurs minauderies,
des Dentelles, des Etoffes pour
prefent de Natalies, pour bou-
quets à leurs Fêtes ; & apparam-
ment elles aimeront beaucoup
moins les plus riches bijoux pour
Etrennes, quand elles feront ar-
rivées, que des Arlequins, des
Singes, des Crocodiles, & autres
figures bizarres en papier, pour
avoir le plaifir de les *découper.*

Vous jugez bien, fans doute,
qu'en confiderant cette paffion
découpante, on ne peut s'empêcher
de conclure que les Comediens,
les Directeurs d'Opera, les di-
vertiffemens de nos Foires, les
Cartiers, les Tablettiers, & au-

tres Marchands d'Inſtrumens
pour les Jeux, n'y trouvent pas
tant leur compte, que les Enlu‑
mineurs, les Colleurs, les Coutel‑
liers & les Imagers. Mais en ré‑
compenſe la morale s'en accom‑
mode parfaitement bien ; car
dans les Aſſemblées on ne ſonge
plus à médire du prochain, à te‑
nir des diſcours trop libres ; tout
au plus on plaiſante agréable‑
ment ſur ceux qui *découpent* mal,
c'eſt-à-dire, ſur ceux qui laiſſent
des blancs inutiles aux figures,
ou qui ne retranchent pas avec
une préciſion exacte, ou qui
ſuppriment *incognito* tout ce qui
fatigueroit trop leurs yeux, s'ils
s'éforçoient de le vuider de tous
ſes ſuperflus. Les plaiſanteries
qu'on fait ſur ces negligences,
ne bleſſent aſſûrement pas tant
la charité, que ſi l'on diſoit, com‑
me autrefois, par exemple, que
celui-ci a Madame telle pour Maî‑

treſſe ; que celui-là trompe &
fourbe ſans aucun ſcrupule, éga-
lement ſes amis & ſes ennemis ;
que cette Dame change d'autant
d'Amans que de chemiſes ; que
cette autre entretient un honteux
commerce ſous les apparences de
dévote & de prude ; que cet
Abbé menne une vie indigne de
ſon caractere ; que cet homme
d'affaires ſeroit dans la neceſſité
de reprendre ſes Sabots, ſi on le
forçoit de rendre tout ce qu'il a
volé.

Aujourd'hui entrez dans une
compagnie des plus mondaines,
on ne vous y tiendra point du
tout des diſcours, ſi mordans, ſi
piquans, ſi peu charitables ; au
lieu de vous exciter à déchirer
la réputation de votre prochain,
on vous priera ſeulement de *découper* du papier. N'eſt-ce donc
pas avec raiſon que je viens de
vous dire, que la morale s'ac-

commode parfaitement des *Dé-coupûres ?*

En effet, un petit Maître tout difposé, felon fa coûtume, à parler à tort & à travers de la conduite des femmes, arrive-t-il dans une Compagnie, on lui prefente d'abord des cifeaux & fon Portrait en Eftampe (car hureufement on a gravé prefque toutes les fortes d'originaux) *Allons,* lui dit-on, *découpez-moi cette figure, vous la connoiffez ; du moins vous la devez connoître ; ôtez-en le fuperflu, car il y a bien là des retranchemens à faire, pour qu'elle convienne à l'ufage que nous nous en propofons.* On l'oblige enfin à ne faire autre chofe que de découper ; car on aime beaucoup mieux exercer fes mains à cet ouvrage, que de laiffer par l'inaction à fon efprit & à fa langue, la liberté entiere d'imaginer & de dire toutes les fottifes qu'on ne

doit qu'attendre de sa petulence
& de son étourderie.

Je pourrois vous faire ici un
plus grand détail des avantages
des *découpûres* ; mais, comme vous
n'attendez de moi qu'une Lettre,
& non pas un Livre, vous vous
contenterez, sans doute, de ce
que je viens de vous en apprendre.

Comme je sçai que rien ne
vous tient plus au cœur, que
tout ce qui peut contribuer aux
bonnes mœurs, & à en empêcher
la corruption, je me flatte, après
ce que je viens de vous dire des
utilitez des *découpûres* à cet égard,
que vous tâcherez de les introdui-
re dans votre Province.

Je continue d'être, &c.

P. 24